Libro para colorear y garabatear para niños

De 2 a 4 años

Libro para colorear de Pascua con grandes dibujos del conejo de Pascua para colorear y dibujar para niños y niñas

RS Creatives

Este libro para colorear pertenece a

Nombre de pila: ....

Apellido: ....

Edad: ....

¡El Conejo de Pascua está deseando verte!

Espacio para ti

¿Qué quieres pintar?

¡Coloridos huevos de Pascua!

Espacio para ti

¿Qué quieres pintar?

Una cesta de huevos de Pascua

Espacio para ti

¿Qué quieres pintar?

¿Es esta la esposa del Conejo de Pascua?

Espacio para ti

¿Qué quieres pintar?

Practicar y aprender

Espacio para ti

¿Qué quieres pintar?

¿Qué es lo que más les gusta comer a los conejos?

Espacio para ti

¿Qué quieres pintar?

Una abeja hace miel

Espacio para ti

¿Qué quieres pintar?

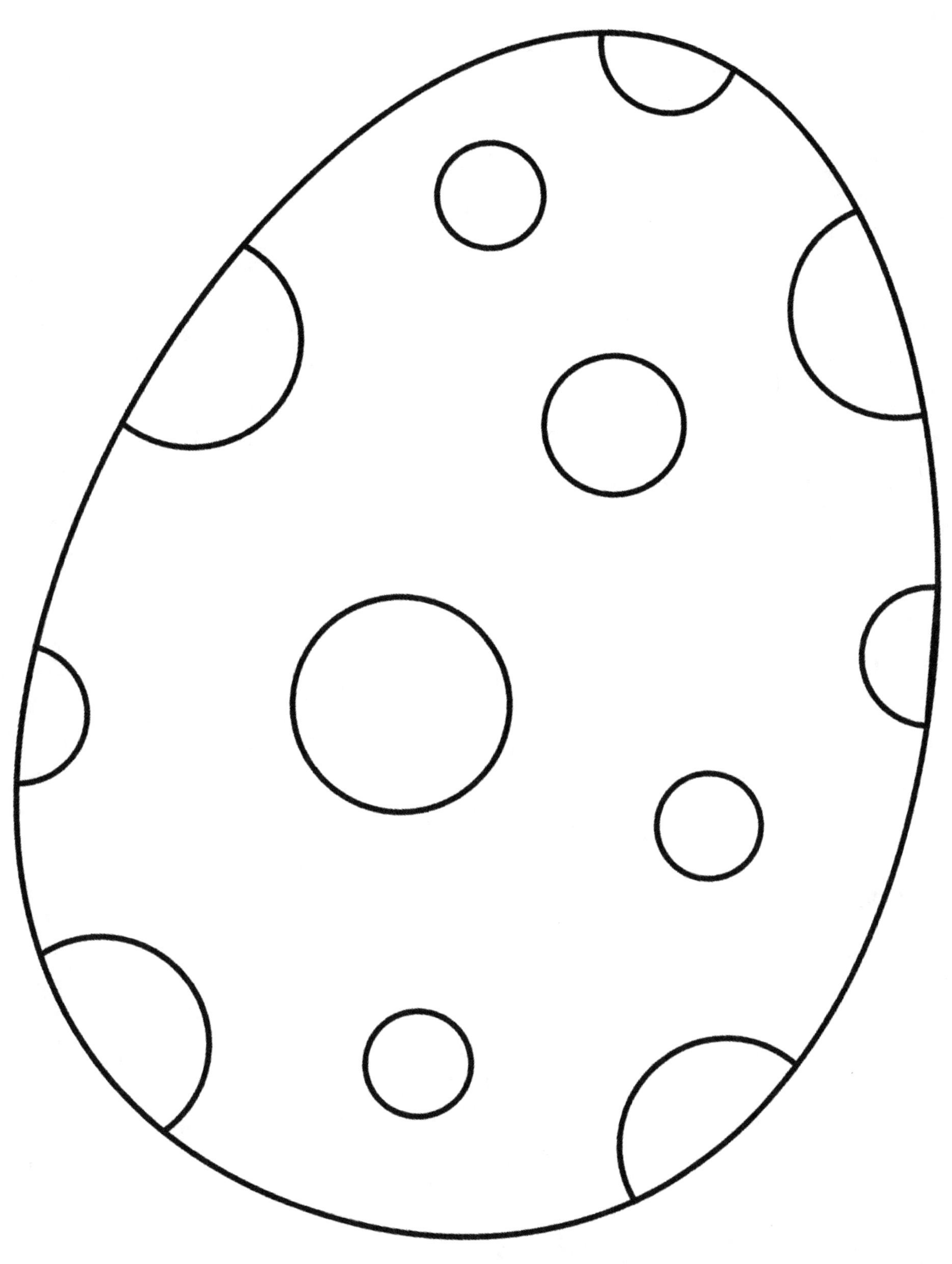

¡Coloridos huevos de Pascua!

Espacio para ti

¿Qué quieres pintar?

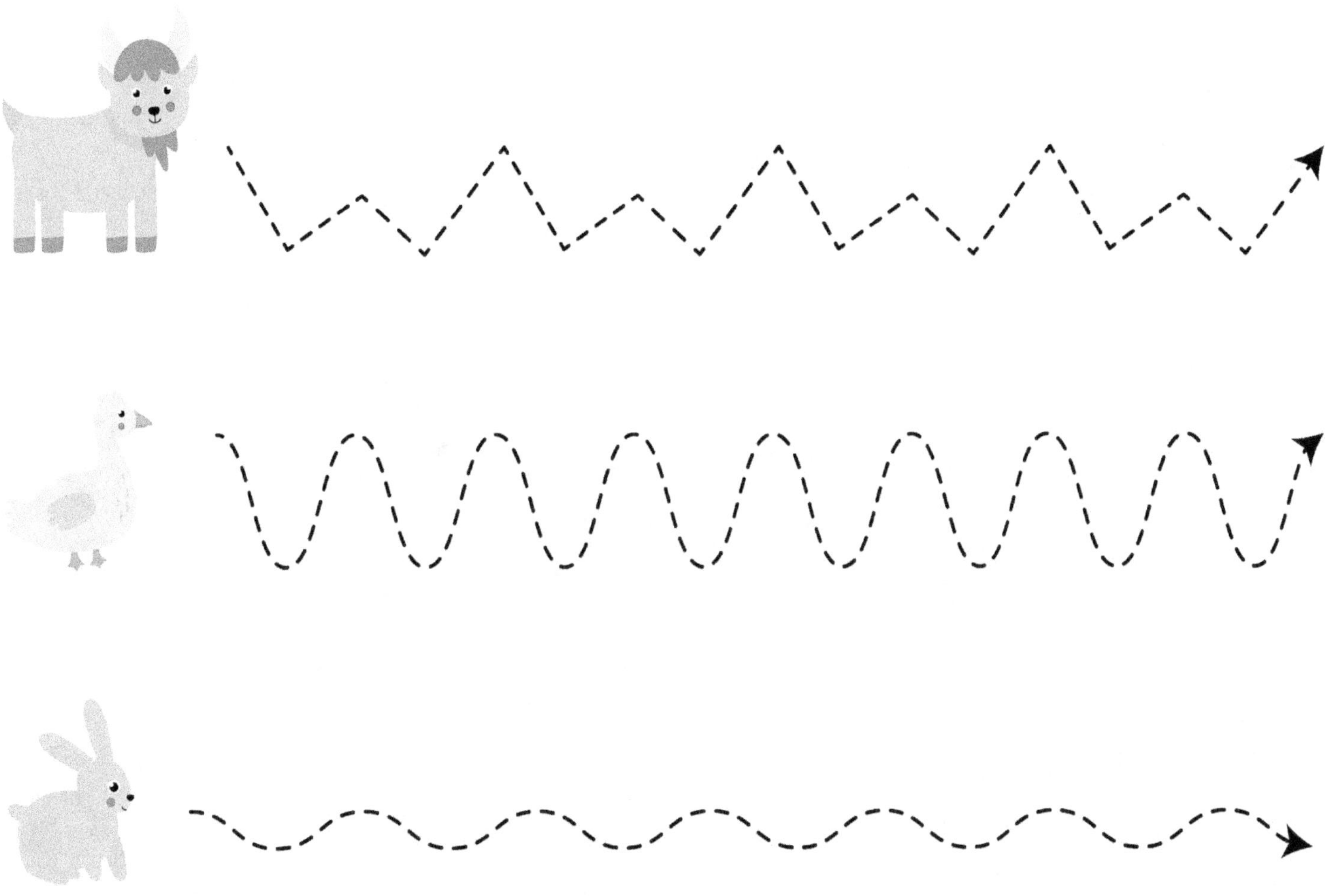

¿Puedes conectar los puntos?

Espacio para ti

¿Qué quieres pintar?

Abeja Feliz

Espacio para ti

¿Qué quieres pintar?

A los conejos les encantan las zanahorias

Espacio para ti

¿Qué quieres pintar?

¡Coloridos huevos de Pascua!

Espacio para ti

¿Qué quieres pintar?

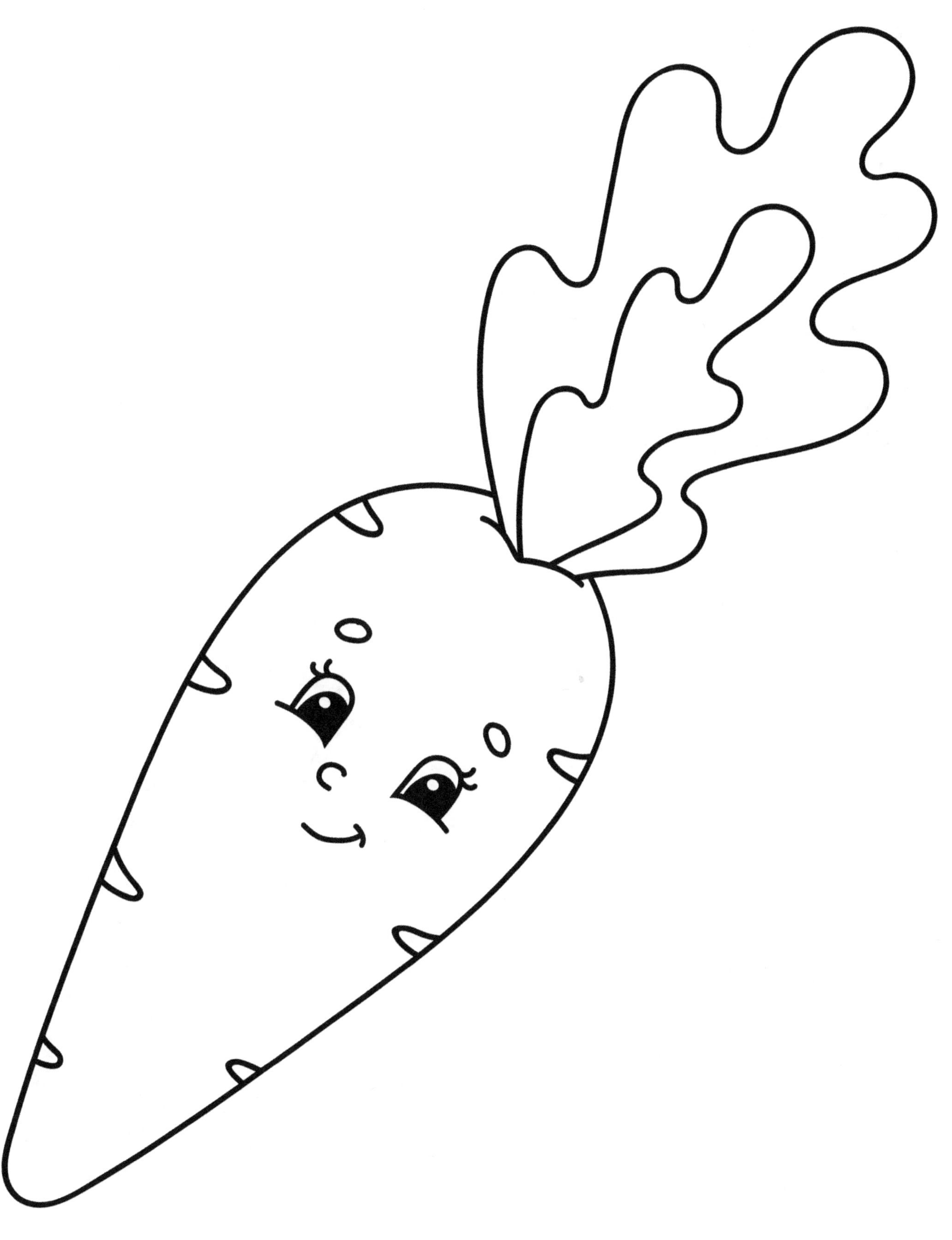

Las zanahorias son muy saludables

Espacio para ti

¿Qué quieres pintar?

¿Cuál es el color de los caracoles?

Espacio para ti

¿Qué quieres pintar?

¿Te gustan los globos?

Espacio para ti

¿Qué quieres pintar?

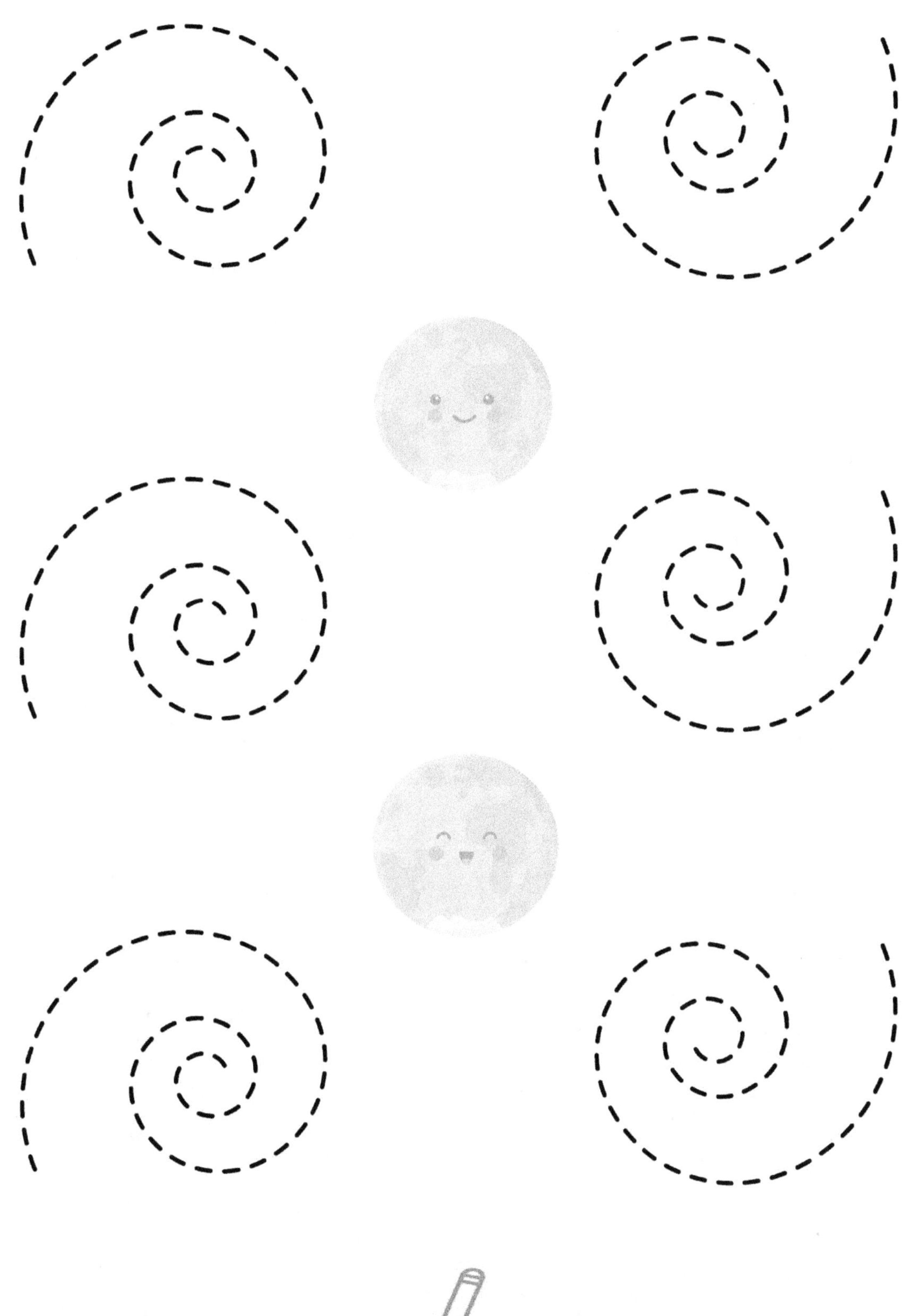

Practicar y aprender

Espacio para ti

¿Qué quieres pintar?

¿Se puede colorear el huevo?

Espacio para ti

¿Qué quieres pintar?

Las estrellas son hermosas

Espacio para ti

¿Qué quieres pintar?

Los pandas también pueden pintar

Espacio para ti

¿Qué quieres pintar?

¿Quién se escondió aquí?

Espacio para ti

¿Qué quieres pintar?

Los huevos de Pascua ocultos quieren ser encontrados

Espacio para ti

¿Qué quieres pintar?

¿Dónde se esconden los huevos?

Espacio para ti

¿Qué quieres pintar?

Huevo de Pascua con estrellas

Espacio para ti

¿Qué quieres pintar?

Los polluelos son los mejores amigos del Conejo de Pascua

Espacio para ti

¿Qué quieres pintar?

¿De qué color es tu peluche?

Espacio para ti

¿Qué quieres pintar?

Conejito de Pascua en un huevo colorido

Espacio para ti

¿Qué quieres pintar?

¡A los conejos les encantan las zanahorias!

Espacio para ti

¿Qué quieres pintar?

¿Cuál es el color de las ranas?

Impresión

1ª edición

ISBN: 9798715638847

Autor/seudónimo está representado por

Robert Andreas Schüler, Salbeiweg 2, 71691 Freiberg am Neckar

Alemania

www.ingramcontent.com/pod-product-compliance
Lightning Source LLC
LaVergne TN
LVHW060829170826
845678LV00010B/1934
* 9 7 9 8 4 1 6 4 7 6 1 7 5 *